Docteur CARTON

L'HYPOGÉE DU LABYRINTHE DE LA NÉCROPOLE D'HADRUMÈTE

CONSTANTINE
IMPRIMERIE D. BRAHAM, 2, RUE DU PALAIS
1903

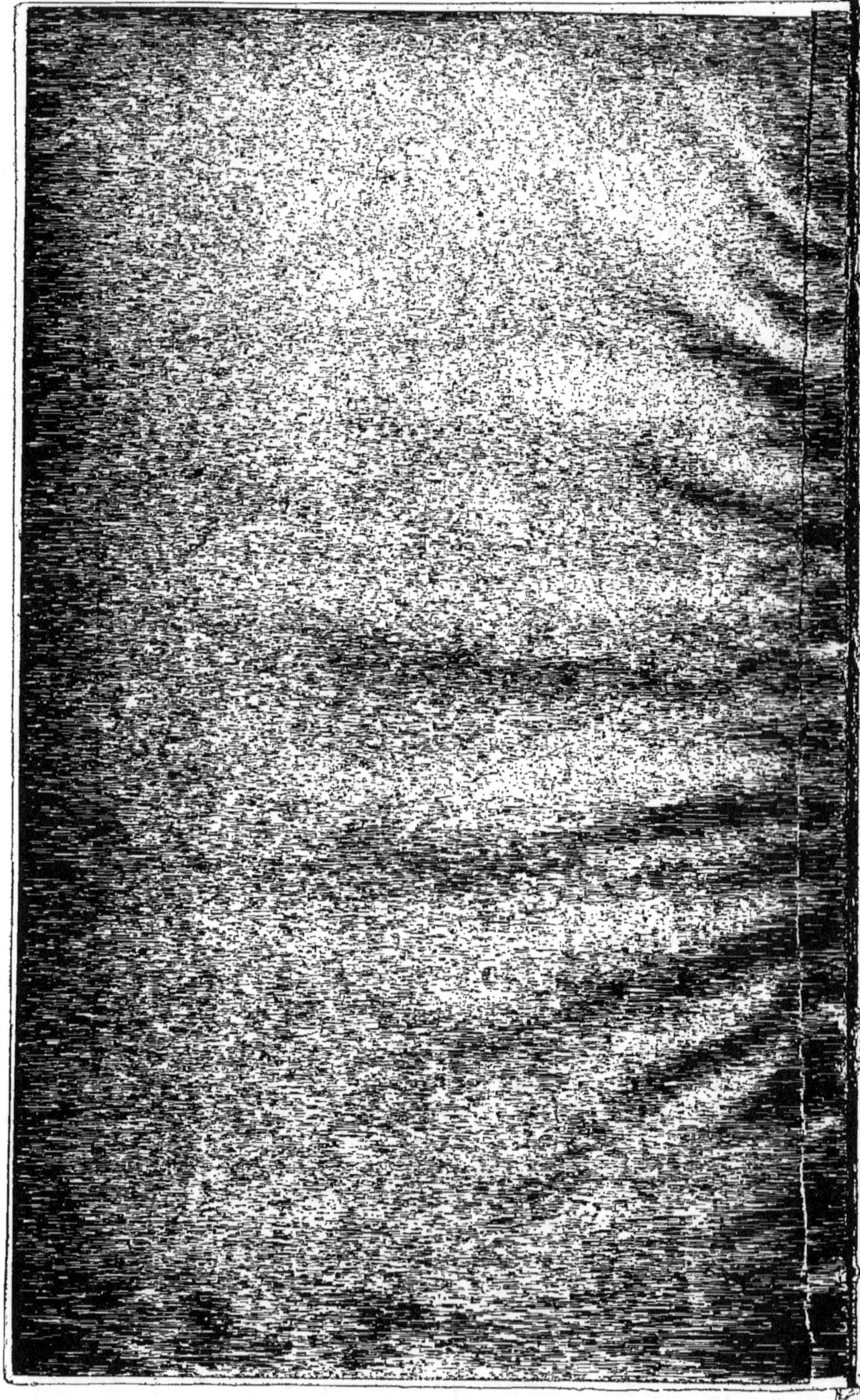

L'HYPOGÉE DU LABYRINTHE

DE

LA NÉCROPOLE D'HADRUMÈTE

PAR

M. le Docteur CARTON,

MÉDECIN MILITAIRE

PRÉSIDENT DE LA SOCIÉTÉ ARCHÉOLOGIQUE DE SOUSSE

LES NÉCROPOLES punique et romaine d'Hadrumète ont, depuis longtemps, attiré l'attention des archéologues, autant par la forme des monuments qu'elles renferment que par la diversité et l'intérêt du mobilier qu'on y rencontre.

Je n'ai pas manqué, depuis mon arrivée à Sousse de les visiter fréquemment et de suivre les fouilles qu'on y exécute. Dès la première visite que j'y fis, j'ai été frappé par la vue d'une tombe très remarquable par sa forme extérieure, et par ce fait qu'elle est la seule dont l'aspect soit celui d'une construction s'élevant au-dessus du sol. Sa vue m'impressionna d'autant plus vivement qu'elle me fit penser immédiatement à certains monuments funéraires d'Italie que j'avais visités quelques années auparavant.

Comme l'intérieur du caveau est bouleversé, que son plafond est éventré en plusieurs endroits, je pensai qu'il avait été visité depuis longtemps et, voulant connaître ce qu'avait dû renfermer une sépulture aussi intéressante, je cherchai à connaître dans quelles conditions elle avait été fouillée.

M. le capitaine Hannezo voulut bien me communiquer les renseignements qu'il a pu réunir à ce sujet pendant les séjours, si fructueux pour la science, qu'il a fait à Sousse et c'est grâce à lui que je puis, en réunissant des documents étudiés jusqu'ici isolément, reconstituer les principaux traits de cet hypogée (1).

Il aurait été fouillé vers 1845 et on y trouva alors un petit sarcophage en marbre blanc, qui est actuellement au musée d'Alger (2). Sa face antérieure offre un médaillon avec un buste d'enfant tenu par deux génies qui volent. Il y a aux angles d'autres génies appuyés sur une torche renversée. Sur les cotés, le même buste est vêtu à droite, et simplement couvert d'une peau de bête à gauche. Le sarcophage est fermé par un couvercle en dos d'âne à écailles

---

(1) Je ne reproduis pas le plan que j'en ai relevé, parce que le caveau est de nouveau en partie comblé. Il serait nécessaire, pour le protéger, de boucher la tranchée qui a été pratiquée dans son plafond — sans doute pour enlever la mosaïque — et d'en fermer l'entrée par une porte.

(2) Il a été d'abord en la possession de M. Jérôme Saccoman, vice-consul de France à Sousse, puis de M. Pélissier de Reynaud, son successeur, qui l'envoya à Alger.

imbriquées et flanqué d'acrotères. L'ensemble est d'une excellente conservation (1).

Les dimensions de ce tombeau, que m'a fournies M. Hannezo ($1^m10 \times 0^m65$ et 0^m40 de hauteur) indiquent bien qu'il a renfermé les restes d'un enfant.

C'est en 1860 seulement que l'hypogée fut complètement déblayé par M. Espina, et que l'on en découvrit le sol, pavé de mosaïques, parmi lesquelles se trouvait, celle, maintenant bien connue, qui représente le labyrinthe (2), renfermant en son centre le corps du Minotaure, tué par Thésée. Devant l'entrée, un navire ramène à Athènes ce dernier, avec les jeunes grecs qu'il a arrachés à la mort. On y lit également : *Hic inclusus vitam perdit.*

Tels sont tous les renseignements que l'on possède sur la disposition et le contenu de cet édifice.

Fort heureusement, malgré les déprédations dont il a souffert, la partie monumentale, celle qui s'élève au-dessus du sol est encore d'une bonne conservation. C'est un édicule recouvrant l'escalier qui descend dans l'hypogée. Il a la forme d'un prisme rectangulaire couché et incliné, — l'une de ses extrémités semblant s'enfoncer

(1) V. Doublet. *Musée d'Alger*, page 44.

(2) Voir à ce sujet Hannezo, *Assoc. franç. pour l'avanc. des sciences* 1896. *Les découvertes de mosaïques à Sousse.* — Doublet, *loc. cit* — Héron de Villefosse. *Revue de l'Afrique française* 1887. — *Recueil de mémoires de la Société archéologique de Constantine* 1890-91, pl. II.

dans le sol, — et surmonté d'un toit à double pente dont l'arête s'abaisse du côté opposé à l'entrée. A vrai dire, ce toit n'est pas formé par deux plans inclinés qui se rejoignent en haut. C'est une espèce de voûte bâtarde, formée de deux parties légèrement courbes, qui forment à leur partie supérieure un angle prononcé. Mais à considérer dans son ensemble cette partie de la construction, elle n'en offre pas moins l'aspect très net que je viens d'indiquer et qui lui donne la forme d'un véritable dos d'âne.

Sa longueur est de 3^{m}25, sa hauteur au-dessus du sol ancien de 1^{m}40 à l'entrée et de 0^{m}80 de l'autre côté.

L'ouverture a 2 mètres de hauteur sur 1 mètre de largeur. Comme l'édicule s'élève à 1^{m}40 au-dessus du sol, elle a donc son seuil à 60 centimètres en contre-bas de celui-ci. Les deux murs qui la limitent latéralement ont 50 centimètres d'épaisseur, tandis que la voûte n'a que 25 centimètres. Cette baie étant d'ailleurs détruite sur son bord intérieur, il est impossible de voir d'une manière exacte quelle en était la forme primitive. Quand on l'a franchie, on se trouve en haut d'un escalier dont dix marches sont apparentes. Il devait y en avoir un peu plus. Chacune d'elles a 25 centimètres de hauteur sur 22 de largeur. Taillées dans le tuf, elles sont revêtues d'une couche de ciment de tuileaux recouverte elle-même par des carreaux en terre cuite.

La salle où l'emmarchement conduit est de forme irrégulière, vaguement elliptique, mesurant 7 mètres sur un axe, 6m50 sur l'autre. On y remarque 10 arcosolia d'environ 60 centimètres de hauteur, à la partie inférieure desquels des sarcophages semblent avoir été taillés dans le tuf. Ils sont séparés par des piliers d'épaisseur inégale. En outre, de chaque côté de l'entrée de la chambre funéraire et dans les parois latérales de l'escalier, au bas de celui-ci, sont de petites niches à la partie inférieure desquelles baille l'ouverture d'une *olla* en terre cuite, encastrée dans la maçonnerie.

Les deux rites de l'inhumation et de l'incinération ont donc été réunis dans cet hypogée.

Les parois de la chambre et celles de l'escalier sont revêtues d'un enduit en stuc ou en mortier très résistant et à surface très lisse.

Je ne connais, je l'ai dit, rien de pareil, en Afrique, à l'édicule qui constitue l'entrée de ce caveau. Il n'a, en effet, qu'une ressemblance lointaine avec les célèbres hypogées de Carthage surmontés d'un toit formé par deux dalles s'appuyant l'une sur l'autre, dont d'ailleurs l'arête n'est pas inclinée, et dont l'ouverture ne constitue nullement, comme ici, une entrée.

Il en est de même de quelques tombes de Sigus, dessinées par de Lamarre et qui sont également recouvertes de dalles formant un toit à double pente.

Il n'existe à mon sens, dans toute la Barbarie,

qu'une seule espèce de construction dont le toit soit à la fois à double pente et à arête inclinée. Ce sont des édifices tout modernes, élevés par des musulmans, berbères d'origine, il est intéressant de le noter en passant. Leur destination est d'ailleurs toute différente. Ce sont des ateliers de tisserands situés dans l'île de Gerba [1]. Mais il me semble difficile d'attribuer cette ressemblance à une autre cause qu'une coïncidence de disposition imposée par la destination de ces deux espèces de construction.

En revanche, la similitude de forme extérieure est complète entre l'hypogée d'Hadrumète et certains des tombeaux qui constituent, en Italie, des groupes intéressants et célèbres, les nécropoles de l'Etrurie.

Ce sont les mêmes édicules en blocage avec le toit à double pente et à arête inclinée recouvrant un escalier qui conduit au caveau.

L'intérieur de celui-ci n'a, il est vrai, généralement pas la même forme des deux côtés. Mais on sait qu'il existe à Sousse de nombreux hypogées creusés dans le tuf sur un plan tantôt assez compliqué, tantôt plus simple, dont quelques-uns peuvent être rapprochés de celui des tombes étrusques. Ils offrent, en outre, certains détails caractéristiques que l'on retrouve dans ces dernières, tels que les enduits revêtus de

---

(1) M. le docteur Bertholon en a publié une vue dans son *Exploration archéologique de Gerba (L'anthropologie)* T. VIII, page 567, figure 9.

peintures. On pourrait même trouver des points de ressemblance dans les mobiliers de ces sépultures. Mais c'est une question que je n'ai pas à aborder ici, voulant m'occuper seulement du monument extérieur et noter que, dans cette analogie de formes, il semble y avoir plus qu'une simple coïncidence.

D'autre part, les compte rendus des fouilles exécutées à Sousse nous apprennent qu'on y a rencontré de nombreux caveaux de l'époque romaine identiques à celui qui vient d'être décrit et situés dans son voisinage. Mais ils ne présentaient pas d'édicule extérieur. Comme tous les édifices de l'antique d'Hadrumète ont été détruits à ras du sol, et que beaucoup des escaliers qui descendent aux hypogées sont en mauvais état à leur partie supérieure, on peut admettre qu'un certain nombre d'entre eux a pu être surmonté d'une construction semblable à celle dont il a été question et que la nécropole d'Hadrumète devait, par l'aspect de beaucoup de ses monuments, ressembler à celles de l'Etrurie.

Personne ne saurait d'ailleurs s'étonner de ce que la civilisation étrusque ait, à un moment donné, exercé quelque influence sur la population d'Hadrumète et que celle-ci en ait gardé l'impression jusqu'à l'époque romaine. On sait, en effet, que l'Afrique du nord a été autrefois en relations avec l'Etrurie. Un certain nombre d'objets trouvés dans les sépultures de Carthage le prouve également : ivoire avec inscription en langue étrusque, très nombreux vases de toute forme, statuettes rappelant les coffrets funéraires de Volci, etc.

Hadrumète, qui était un grand port comme Carthage, et qui fut très prospère à l'époque punique, dut sans aucun doute se ressentir de la même influence.

On objectera peut-être à ces considérations une question de dates. Mais on sait que les tombes romaines d'Afrique présentent, dans leur architecture, les symboles qu'elles portent et leur mobilier, des survivances de formes et de traditions remontant à l'époque punique et peut-être au-delà. La *cupula*, si commune dans les nécropoles païennes des premiers siècles de notre ère, en est l'exemple le plus connu.

Rien ne s'oppose à ce qu'on se trouve ici en présence d'une persistance du même ordre. Quoiqu'il en soit d'ailleurs, et quelque opinion que l'on ait sur les vues qui viennent d'être exposées, il y avait encore intérêt, je pense, à faire connaître un type de monument funéraire qui n'a pas été rencontré ailleurs, en Afrique, et dont l'unique échantillon mérite, à tous points de vue, d'être protégé et conservé.

42

www.ingramcontent.com/pod-product-compliance
Lightning Source LLC
LaVergne TN
LVHW010337230826
846091LV00009B/3903

* 9 7 8 2 0 1 9 9 8 6 5 4 4 *